ANNALES DU MUSÉE GUIMET

REVUE
DE
L'HISTOIRE DES RELIGIONS

PUBLIÉE SOUS LA DIRECTION DE

M. JEAN RÉVILLE

AVEC LE CONCOURS DE

MM. E. AMÉLINEAU, A. BARTH, R. BASSET, A. BOUCHÉ-LECLERCQ, J.-B. CHABOT, E. CHAVANNES, E. DE FAYE, G. FOUCART, A. FOUCHER, COMTE GOBLET D'ALVIELLA, I. GOLDZIHER, L. LÉGER, ISRAEL LÉVI, SYLVAIN LÉVI, G. MASPERO, ED. MONTET, P. OLTRAMARE, F. PICAVET, C. PIEPENBRING, M. REVON, J. TOUTAIN, ETC.

Secrétaire de la Rédaction : M. PAUL ALPHANDÉRY.

C. SNOUCK HURGRONJE

L'ARABIE ET LES INDES NÉERLANDAISES

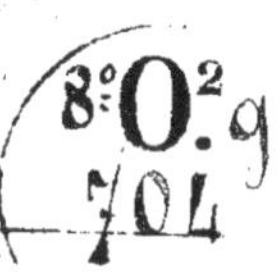

PARIS
ERNEST LEROUX, ÉDITEUR
28, RUE BONAPARTE (VIe)

1908

L'ARABIE ET LES INDES NÉERLANDAISES

L'ARABIE
ET LES INDES NÉERLANDAISES [1]

L'étude de la langue arabe et de la vie spirituelle dont elle est devenue l'organe, est une branche très importante de la science de l'histoire humaine. Outre cet intérêt purement scientifique il y a encore une autre raison pour que nous autres, Hollandais, nous y consacrions toutes nos forces : c'est que là-bas, aux Indes Néerlandaises, une trentaine de millions d'êtres humains, sujets comme nous de la reine de Hollande, participent de leur façon à cette vie spirituelle.

Ce point de vue a pour moi une importance spéciale. J'ai eu, il y a vingt-deux ans, l'occasion d'observer à la Mecque jusqu'à quel point cette ville sainte est devenue le centre de vie de l'Islam aux Indes Orientales, et je ne puis guère depuis lors m'occuper de l'Arabie sans penser en même temps à notre Extrême-Orient. Plus tard suivit mon séjour aux Indes Néerlandaises : pendant plus de dix-sept années j'y ai vécu en contact continuel avec la société indigène. Ainsi l'influence que la culture musulmane a exercée sur la population de l'Archipel est de plus en plus devenue un des principaux objets de mes études.

Je vais tâcher de vous esquisser en quelques traits, la naissance de ces rapports entre l'Arabie et les Indes, si féconds en conséquences, et les influences qui ont déterminé leur développement postérieur.

1) Leçon d'ouverture du cours d'arabe à l'Université de Leide, prononcée par M. le professeur *C. Snouck Hurgronje*, le 23 janvier 1907. La traduction du hollandais est due à M. le docteur *A. H. van Ophuijsen*. On a supprimé la fin de la leçon, adressée aux directeurs de l'Université, aux professeurs et aux étudiants.

L'établissement du pouvoir néerlandais au nord de Soumatra pendant les dix dernières années nous a révélé, entre autres faits plus ou moins étonnants, qu'en Atchèh on s'applique assiduement aux sciences musulmanes. Ainsi on a trouvé à Keumala une grande collection de livres arabes et malais, qui avaient appartenu à plusieurs savants, morts ou émigrés[1]. C'étaient des livres d'un genre que les indigènes appellent du nom arabe *kitab*, voulant désigner par là des manuels de théologie et de droit musulmans, ou de sciences auxiliaires ou préparatoires, comme la grammaire arabe, l'exégèse du Coran, etc.

Les notes marginales prouvaient qu'on en avait fait un usage fréquent. D'ailleurs un garçon âgé de quatorze ans, fils d'un théologien ennemi, fait prisonnier par nos troupes, savait par cœur une grammaire arabe rimée en mille vers[2]. Et combien de fois les indigènes fuyant devant nos poursuites ne laissèrent-ils pas des kitabs, d'où ressortait de même que jusque dans leurs courses vagabondes à travers les forêts et les marais, les lettrés ne négligeaient pas ces études?

Un savant allemand, ayant lu mes communications sur les sciences musulmanes en Atchèh, m'en témoigna sa surprise, et il y ajouta la remarque tout à fait juste, que, quelque bornées que pussent paraître ces études en comparaison de la civilisation moderne, il y avait cependant une certaine grandeur dans le fait que l'on appliquât là-bas, en Atchèh, à l'étude des mêmes sciences exactement la même méthode que par exemple à l'autre extrémité de la terre, au Maroc ou au Sénégal. Il fut d'avis que ce monde étrange, témoignant d'une si frappante unité d'esprit, donnerait à l'Europe encore

1) Cette collection a été inventoriée dans les *Notulen van het Bataviaasch Genootschap van Kunsten en Wetenschappen* (Procès-verbaux des séances de la Société des Arts et des Sciences de Batavia), t. XXXIX (1901), supplément VII, p. CXX-CCV. Elle se trouve maintenant dans la bibliothèque de la dite société.

2) L'Alfiyyah d'Ibn Mâlik, manuel bien connu des arabisants.

beaucoup de problèmes à résoudre. Il serait en effet difficile de citer une autre religion universelle qui ait conservé, même dans l'éducation formelle de ses adhérents répandus partout, une plus grande unité que l'Islam.

Les Indes Néerlandaises, autant que l'Islam y a pénétré, participent à cette unité. Ainsi certaines régions de l'île de Java sont parsemées de *pĕsantrèn's*, c'est-à-dire d'écoles où une élite spirituelle se livre à l'étude de *kitabs* arabes ou rédigés d'après l'arabe. L'indigène du Maroc ou du Sénégal, entendant l'*aḏan* (la convocation aux cérémonies religieuses) dans un village du Java ou de Soumatra, reconnaît la même langue, les mêmes paroles qu'il était habitué à entendre dans son pays. Quand et par qui ce remarquable lien spirituel a-t-il été étendu jusqu'à l'Extrême-Orient?

Nos données sur la première période de l'Islam en Indonésie sont peu nombreuses. Cependant c'est justement au nord de Soumatra que se rapportent quelques points fixes qu'on a pu établir, et ces données sont d'autant plus importantes pour la reconstitution de la trajectoire historique que là fut le point de départ de la lente progression de l'Islam à travers les Indes Orientales.

Je cite en premier lieu l'itinéraire d'Ibn Baṭṭouṭah[1], un Arabe qui visita le nord de Soumatra vers le milieu du quatorzième siècle. Celui-ci se trouvait justement être originaire de cette autre extrémité du monde que nous venons de mentionner : le Maroc. En voyageant de l'Hindoustan vers la Chine il passa par le seul royaume de l'Archipel Indien qui eût alors été converti à l'Islam; la capitale portait le nom de Soumouṭra qui plus tard, légèrement modifié, a été appliqué à toute l'île de Soumatra[2]. La conversion de ce pays était alors récente.

1) *Voyages d'Ibn Batoutah*, texte arabe accompagné d'une traduction par C. Defrémery et le Dr B. R. Sanguinetti, Paris.

2) On ne saurait déduire que peu de choses de la communication assez vague de Marco Polo sur le royaume de Basma, même si l'on a raison d'y voir notre Pasè. Si le royaume de Ferlec, décrit par l'illustre Vénitien, n'est autre

Le prince de Soumouṭra fit un accueil hospitalier au voyageur. Celui-ci nous décrit la cour, de type indien, que tenait son hôte ; il le loue pour l'intérêt qu'il portait aux sciences musulmanes et pour le zèle qu'il déployait dans la guerre sainte contre les habitants païens de l'intérieur. Quand Ibn Baṭṭouṭah, à son retour de Chine, repassa par Soumouṭra, le Sultan venait de rentrer d'une grande expédition contre les incrédules : sur son butin en bétail humain il fit cadeau à son hôte de deux captifs et deux captives. Les articles d'exportation de Soumatra sont énumérés assez exactement dans l'itinéraire de l'Arabe.

Dans les sources indigènes on retrouve le royaume de Soumouṭra le plus souvent sous la désignation de Pasè, d'après le nom de la seconde résidence. Dans le cours des temps ce pays a perdu son autonomie politique, et fini par être une dépendance du sultanat d'Atchèh.

De nouvelles données sur cette région intéressante de Pasè nous surprirent, quand en 1899 les troupes néerlandaises y firent leur entrée. Nous y trouvâmes quelques pierres tombales séculaires, portant des inscriptions arabes. Outre des textes qoraniques appropriés, ces inscriptions funéraires contenaient les noms et les dates de décès de quelques illustres personnages de l'ancien Soumouṭra-Pasè. Le gouvernement a récemment entrepris des recherches systématiques qui, espérons-le, révéleront une foule de particularités intéressantes; pour le moment nous avons à notre disposition des reproductions photographiques excellentes de quelques-uns des monuments les moins endommagés. Leurs dates s'étendent de 1407 à 1428[1]; ils nous mènent donc 60 à

chose que la contrée dite aujourd'hui Peureula', alors ce pays-ci aurait adopté l'Islam même avant la conversion de Pasè ; du moins dans les dernières années du XIIIe siècle le Mahométisme y était établi. Mais politiquement ce Ferlec fut bientôt englouti par Pasè-Soumatra.

1) Ce sont : 1° l'épitaphe du prince Abbaside 'Abdallâh bin Mouḥammad bin 'Abd-al-Qâdir bin 'Abd-al-'Azîz bin al-mançour Abou Dja'far al-'Abbasî al-Mountaçir billâh amîr al--mouminîn khalîfah rabb al-'âlamîn, mort en décembre 1407 ; 2° celle d'une princesse qui semble être morte l'an 1408 ; 3° celle de

80 années plus loin que l'itinéraire de notre Marocain. Et par un heureux hasard cet itinéraire nous donne les explications nécessaires pour reconnaître un des morts. Ibn Baṭṭouṭah avait vécu longtemps à la cour du grand monarque d'Hindoustan, à Dihli, et il nous raconte beaucoup de choses sur les grands personnages dont il y fit la connaissance. Parmi eux il y avait un Abbaside, arrière-petit-fils du Khalife-al-Mountaçir, par conséquent petit-fils d'un des princes qui surent échapper au massacre de la famille khalifienne à Baghdad, par les Mongols en 1258. Ce gentilhomme, qui s'appelait Mouḥammad ibn Abdal-Qâdir, avait quitté l'existence pleine de soucis qu'il menait à Baghdad pour une vie luxueuse à Dihli aux frais du Grand Sultan des Indes, qui témoignait une vénération superstitieuse à tout ce qui, portait le nom d'Abbaside. Et maintenant nous sommes informés qu'un fils de ce noble parasite, du nom d'Abdallah, s'était égaré encore plus loin vers l'Est et que la mort le surprit en 1407 à Soumatra-Pasè.

La notice de son décès, sculptée et ornée par les mains habiles d'un artiste, et conservée pendant cinq siècles, nous donne son arbre généalogique jusqu'au cinquième degré inclus.

Un autre monument est consacré à la mémoire d'une souveraine morte en 1428. Il nous montre qu'on ne voyait alors à Pasè pas plus d'inconvénient au règne d'une femme que deux siècles plus tard en Atchèh, où quatre sultanes ont régné de suite. Les quatre ascendants de cette reine de Pasè, mentionnés dans l'épitaphe, ont tous été sultan, et le dernier nommé, qui est donc le plus ancien, porte le nom de Mâlik Çâliḥ, le même que la tradition indigène, légendaire

la reine de Pasè, morte en décembre 1428 ; dont je n'ose pas encore reproduire le nom, mais dont l'arbre généalogique se lit sans peine ainsi : « bint as-Soulṭân Zain al-'Abidîn bin as-Soulṭân Aḥmad bin as-Soulṭân Mouḥammad bin al-Mâlik Çâlih ». J'espère dans peu de temps trouver l'occasion de publier les reproductions photographiques de ces monuments curieux avec un peu de commentaire.

du reste, attribue au fondateur du royaume de Soumatra-Pasè.

Il me semble à propos de vous rappeler ici un monument javanais, datant de la même époque; je veux dire la pierre sépulcrale de Grĕsik (à Sourabaya), connue depuis longtemps. Son inscription conserve le souvenir de Mâlik Ibrâhîm, mort en 1418, qui fut un des huit ou neuf saints principaux auxquels la tradition attribue la conversion du Java à l'Islam. Il y a entre cette pierre et les trois tombeaux de Soumatra une telle ressemblance[1] quant à l'ornementation et la division de l'épitaphe, qu'elle seule suffirait à nous convaincre qu'il y a eu une connexion étroite entre l'islamisation du Java et celle du nord de Soumatra. Mais il y a plus : les légendes de la conversion du Java nous représentent à plusieurs reprises Pasè comme frère aîné en la foi musulmane.

Voici donc ce que nous apprennent ces documents précieux, en papier ou en pierre, à l'égard du lien qui, comme nous venons de le voir, unit entre autres Atchèh et le Maroc : cinq ou six siècles avant notre temps le lien spirituel qui tout à l'heure attira notre attention, joignait déjà la partie du monde que les Arabes appellent l'Extrême Ouest (al-Maghrib al-Aqça) à une partie de notre archipel que nous comprenons dans l'Extrême Orient : pas plus tard que le XIVe siècle les Indes Orientales comme le nord-ouest de l'Afrique avaient été soumis à la discipline de la religion arabe. A cette époque déjà, grâce à l'unité de la foi, un Marocain égaré vers le nord de Soumatra ou de Java pouvait être sûr d'y trouver un accueil hospitalier et de se faire comprendre, par quelques-uns du moins, en parlant sa langue maternelle, l'arabe.

Les premiers actes de l'admission de l'archipel indien dans ce réseau de relations internationales ne sauraient être

1) C'est M. le D[r] Ph. S. van Ronkel qui me fit observer cette ressemblance, particulièrement frappante même dans les petits détails pour le monument de la reine de Pasè.

reportés beaucoup avant l'an 1200. La conversion de l'Extrême Ouest avait été terminée cinq siècles auparavant. Là, au nord-ouest de l'Afrique et en Espagne, l'Islam au premier siècle de son existence avait d'une véhémente impulsion gagné de nouveaux adhérents à sa foi, de nouveaux contribuables à son empire. Des annales arabes, donnant des rapports de contemporains, nous permettent de suivre cette conquête pas à pas. De pareilles données pour l'histoire de l'islamisation des Indes Orientales nous manquent absolument. Quand les Indiens commencèrent plus tard à s'intéresser à la manière dont la lumière de la révélation avait pénétré chez leurs pères, ce passé pour eux s'enveloppa d'un brouillard de contes miraculeux d'une naïveté souvent grossière. Ces légendes, présentant les mêmes traits particuliers par tout l'Archipel, nous permettent de jeter un regard profond dans le milieu spirituel où elles prirent naissance; mais en données historiques elles sont fort pauvres : par le dédain de tout ordre chronologique elles égalent nos contes de fée. Et pourtant nous savons très bien comment les Indes Orientales ont été gagnées à l'Islam. Car le procès n'est pas encore terminé : il se continue devant nos yeux. Si nous comptons avec les changements apportés par le déplacement des voies commerciales; par les moyens de transport modernes, et surtout par l'établissement du pouvoir européen, nous voyons clairement comment les choses doivent s'être passées autrefois.

Ici ce n'est point la course victorieuse des armées musulmanes qui constitue le commencement de l'islamisation; c'est l'activité silencieuse des négociants étrangers venus pour chercher des profits séculiers.

A tout musulman, quelque mondain qu'il soit, le prosélytisme semble être en quelque sorte inné; et en outre les marchands musulmans négociant avec les habitants païens de ces îles, y sont poussés par des raisons d'intérêt personnel. Ils veulent se marier, il faut pour cela que la femme soit convertie à l'Islam; et les enfants suivent. Ainsi un cercle de familles musulmanes étrangères se forme qui cherche à augmenter ses forces en créant des communautés d'indigènes. Ces communautés se développent et deviennent de petits états. L'itinéraire d'Ibn Baṭṭouṭah nous introduit au commencement de cette dernière phase au nord de Soumatra. Bientôt ces états musulmans occupent toute l'étendue de la côte. Et en même temps l'esprit agressif que l'Islam inspire surtout aux nouveaux convertis se communique à ces prosélytes et leur fait faire la guerre sainte contre leurs compatriotes à l'intérieur, restés païens. Voilà ce qui est arrivé, d'abord à Soumatra, puis à Java et dans les autres îles, toujours suivant le même programme, sauf quelques distinctions locales négligeables.

D'où venaient ces commerçants étrangers, qui ont répandu les premières semences de l'Islam aux bords des îles de notre archipel? On a longtemps soutenu que c'était de l'Arabie. Cela semblait tout naturel. Et puis, quelques ouvrages arabes de vieille date [1] donnent l'impression qu'au IXe siècle des navigateurs arabes avaient déjà entendu parler de Java et de Soumatra, que peut-être même ils avaient vu ces îles de près. La légende soutient expressément que quelques-uns des walîs ou saints qui sont considérés comme les premiers propagateurs de l'Islamisme à Java sont d'origine arabe; il y en a même parmi eux qui passent pour des sayyids ou des shérîfs, c'est-à-dire des descendants de Fâṭimaḥ fille de Moḥammad. Ibn Baṭṭouṭaḥ lui aussi était arabe.

De telles données semblaient justifier l'opinion que des colonies de commerçants arabes, situées aux bouches de quelques rivières principales, auraient été le point de départ de la prédication de l'Islam dans ces îles.

Or, cette conclusion est fausse.

Il est vrai que quelques anciens ouvrages arabes rappor-

1) Voir M. Reinaud, *Relation des voyages faits par les Arabes dans l'Inde et à la Chine* (Paris, 1845), et *Livre des merveilles de l'Inde*, publié par P. A. van der Lith (Leide, 1883-1886), et les livres auxquels ces auteurs renvoient.

tent des bruits très vagues sur Java et Soumatra, mais on ne peut pas aller plus loin dans cette direction sans se hasarder sur le terrain extrêmement périlleux et incertain de la reconnaissance de noms géographiques mal transmis. Seule, l'énumération des articles d'exportation et de la faune nous fournit un point d'appui assez sûr. Mais quand on a une fois déterminé Soumatra à l'aide d'éléphants, de rhinocéros, de camphre, d'encens etc., la source de notre connaissance cesse de couler : car tout le reste concernant ces pays n'est que généralités ou fables de marin, appliquées ailleurs à d'autres pays situés hors de la sphère du lecteur.

Il n'y a rien dans ces anciennes descriptions arabes qui témoigne d'une connaissance basée sur l'observation directe; et même si nous consentions à accepter les combinaisons les plus hasardées que certains savants ont osé proposer, nous ne serions nullement autorisés à croire qu'il y ait eu depuis des siècles un commerce régulier entre l'Arabie et les Indes Orientales.

Un itinéraire comme celui d'Ibn Baṭṭouṭah s'oppose même à une pareille hypothèse[1]. L'auteur ne visita Soumatra que par hasard : une mission en Chine, dont l'avait chargé contre son gré le grand souverain de l'Hindoustan fut entreprise par lui d'un port de Bengale (Sonorkâwan) et la route à suivre n'avait pas été déterminée d'avance. Son journal nous représente le commerce de Soumatra-Pasè comme borné à l'Hindoustan et la Chine.

Dans cette partie de sa relation de voyage il ne fait aucune mention ni de navigateurs ni de marchands, bien moins encore de colons arabes. Les quelques Arabes qu'il rencontre en Extrême Orient, s'y étaient égarés de Dihli ou d'une autre ville de l'Inde, par suite d'un hasard quelconque, tout comme lui-même et comme le prince Abbaside, enterré soixante ans plus tard à Soumatra. Les arbres généalogiques qui font

1) Marco Polo parle bien de marchands *musulmans* faisant le commerce avec le pays de Ferlec, mais il ne dit pas que c'étaient des Arabes.

de quelques-uns d'entre les convertisseurs de Java des sayyids ou des shérîfs sont des produits d'une fiction si grossière qu'ils n'auraient jamais pu subsister dans un pays où il y aurait eu des colonies d'Arabes. Nombre d'autres faits indiquent pareillement que des relations directes de quelque importance entres les Indes Orientales et l'Arabie ne peuvent dater d'une époque plus récente. Dans la première moitié du xvii siècle Mataram et même Bantĕn, le pays le plus rigoureusement mahométan de Java, prièrent le shérîf de la Mecque d'accorder le titre de Sultan à leurs princes; toutes deux faisaient par là preuve d'une ignorance parfaite des affaires arabes. En 1688 des ambassadeurs du shérîf de la Mecque vinrent en Hindoustan réclamer du Grand-Mogol les présents d'usage pour la ville sainte. Là ils durent attendre longtemps avant d'être admis auprès du prince. Quelques bons amis leur rappelèrent alors l'existence d'un autre État musulman, qui s'appelait Atchèh, et dont la souveraine saurait sans doute mieux que le Grand-Mogol apprécier leur visite[1]. Auparavant ces Mecquois ne savaient donc rien ou presque rien de l'Archipel Indien.

Toutes les choses d'origine arabe parvenues jusqu'aux Indes Orientales ont passé par l'Hindoustan. Le grand nombre de mots arabes qui ont été reçus dans les langues des Indes Orientales, surtout ceux désignant des notions spécifiquement mahométanes, démontrent par leur forme qu'ils ont passé par un canal étranger. Avec un grand nombre de mots persans ils pointent vers l'Inde musulmane : là le persan moderne, fourré de mots arabes était le langage de la cour et l'intermédiaire de la conversation des populations musulmanes aux idiomes différents, tandis que l'Arabe y était étudié diligemment par les savants.

1) J'ai reproduit la relation de ce voyage d'après une source arabe dans *Bijdragentot de Taal, Land-en Volkenkunde van Nederlandsch-Indië* (Contributions à la Linguistique, la Géographie et l'Ethnographie des Indes Néerlandaises), 5e série, t. III, p. 545 et suiv.

Parmi les contes religieux populaires qui servent d'édification et de récréation aux Musulmans des Indes Orientales, ce sont les plus antiques qui s'écartent de la tradition arabe; aux yeux des Arabes l'absurdité en est vraiment choquante. Aux Indes anglaises au contraire il en paraît toujours de nouvelles éditions populaires lithographiées dans les langues indigènes.

Nous ne donnons que quelques particularités qui pourraient être augmentées à volonté et d'où ressort assez clairement que la religion du prophète arabe a été introduite dans l'Archipel par l'intermédiaire de l'Inde. Un témoignage plus fort encore nous est fourni par toute l'atmosphère spirituelle que respire la tradition indigène sur les commencements de la propagation de l'Islam. La conception de la vie, les dogmes que la tradition prête à ces plus anciens prédicateurs sont contraires aux idées arabes, non seulement pour autant que les idées indigènes y ont déteint, mais aussi dans leurs parties non-indigènes.

De pareilles idées ne s'inventent pas. Les sentences qu'on attribue aux huit ou neuf saints principaux de Java sont l'expression d'un panthéisme mystique très audacieux. Vers le commencement du XVIIe siècle le même mysticisme hérétique avait en Atchèh quelques adversaires, mais il y comptait beaucoup d'adhérents fervents [1]. Il se manifeste dans le livre arabe de *l'Homme Parfait* [2], qu'on étudiait beaucoup autrefois à Java, il s'adresse à la foule dans nombre de traités écrits en des langues indigènes et dont le contenu est souvent assez bizarre.

Allah est l'Être unique, indivisible, élevé au-dessus du temps et de l'espace. Toute pluralité n'est qu'apparence; Dieu seul est. L'Être absolu se pense et se contemple soi-

1) Voir mon ouvrage : *The Achehnese*, translated by A. W. S. O'Sullivan, vol. II, p. 10 sqq.

2) Le titre arabe de ce livre est : al-Insân al-Kâmil fî ma'rifat al-awâkhir wal-awâ'il, lil-'ârif... 'Abd-al-Karîm ibn Ibrâhîm al-Djîlânî. Il a été publié plusieurs fois, notamment au Caire l'an 1304 de l'Hégire.

même en quelques degrés ou phases, souvent représentés comme étant au nombre de sept : d'abord trois degrés d'unité, avec ou sans personnalité ; puis trois de pluralité apparente (celui des esprits, celui des idées et celui des corps) enfin celui de l'Homme Parfait, par lequel l'Être Unique en pensant revient à soi-même[1].

L'homme doit s'élever au-dessus du monde des apparences où il prend son point de départ, jusqu'à l'idée de Dieu ; il doit perdre toute individualité pour participer pleinement à la vie éternelle, pour devenir l'onde qui n'est pas la mer, et pourtant n'est autre chose que la mer ; la goutte où le Tout se mire dans sa plénitude.

Un tel mysticisme se rencontre aussi, il est vrai, dans des pays arabes ; mais il y est limité à de petits cercles d'initiés comme doctrine presque secrète des Çoufîs, soigneusement dérobée à l'inquisition des théologiens officiels et au fanatisme soupçonneux de la foule. Aux Indes Orientales au contraire il était la base et le fondement des croyances populaires comme des méditations des savants. Les moins érudits s'efforçaient de s'approprier ce qu'ils pouvaient de l'idée de l'Absolu à l'aide de traités illustrés de figures symboliques et de tableaux explicatifs : quatre éléments, quatre points cardinaux, quatre khalifes orthodoxes, quatre fondateurs d'écoles de droit, quatre espèces de qualités de Dieu dans la dogmatique, quatre degrés de développement dans le mysticisme, quatre extrémités du corps humain et beaucoup d'autres tétrades encore n'étaient pour la conscience mystique populaire que les formes différentes sous lesquelles se révélait le moi un et indivisible de l'homme ; convergeant dans les noms, quadrilatères en arabe de Mouḥammad et d'Allâh, elles pointaient vers l'Être Unique. « Quiconque

1) Il va sans dire que « d'abord » « puis » et « enfin » ne sont donnés par l'auteur que comme des expressions défectueuses empruntées à notre monde d'apparence et de pluralité, en réalité dans la contemplation de soi-même de l'Être un et unique il n'y a pas de catégorie du temps.

connaît son « Soi », connaît son Seigneur, et quiconque connaît son Seigneur, abandonne la connaissance de son Soi » : ainsi s'expriment ces mystiques, et à Allah ils attribuent cette sentence : « l'Homme est mon être le plus secret, et je suis son être le plus secret. » A la hauteur de ces méditations « il n'y a plus d'adorateur, plus d'adoré ; serviteur et maître ne sont devenus qu'un seul ».

Même la superstition populaire revêtit les formes du mysticisme. Pour asservir les forces de la nature et le monde des esprits aux désirs humains, le superstitieux fait entre autres usage de formules magiques ; eh bien, parmi ces formules magiques usitées par les Musulmans des Indes Orientales on en trouve qui n'étaient primitivement que des expressions de la sagesse contemplative sur l'unité de Dieu, de l'homme et du monde.

Cette tendance panthéistique des croyances, cette jonglerie d'idées et de mots, détournant l'attention du dogme positif et de la loi, indiquent aussi clairement que les faits historiques, linguistiques et littéraires relatés plus haut, l'Hindoustan comme le pays d'origine secondaire de l'islamisme de ces insulaires.

Un commerce actif entre l'Hindoustan et l'Archipel Indien existait depuis des siècles avant Mouḥammad. A Java surtout des états hindous ont été fondés ; nous leur devons ces merveilles d'architecture dont le monde civilisé ne s'est pas lassé d'admirer les restes. En Hindoustan, l'Islam pénétra par terre dans la période de sa jeunesse robuste, et ses adhérents, quoique ne formant qu'une faible minorité numérique, surent s'y emparer du pouvoir politique. Depuis ces temps-là, des Musulmans indiens prenaient part au commerce avec l'Archipel Indien, et leur prosélytisme ne tarda pas à avoir un grand succès chez les peuples indigènes avec lesquels ils entraient en contact.

Pendant quatre siècles environ la direction spirituelle des Musulmans de l'Archipel resta aux mains des Indiens. Au XVIIe siècle c'est encore un théologien indien, du nom de

Nourouddîn[1]), qui lève en Atchèh l'étendard de l'orthodoxie contre le mysticisme hérétique dominant alors. On voit par là en même temps que l'orthodoxie parmi les Indiens ne manquait pas de représentants énergiques; mais elle n'y dominait pas.

Quelquefois, il est vrai, des théologiens arabes venaient aux Indes Orientales; mais en général eux-mêmes ils avaient déjà subi des influences indiennes, ou bien ils se sentaient trop faibles dans cet entourage pour réagir sensiblement contre ce qui devait les indigner dans le domaine de la religion.

Pourtant il ne leur manquait pas de motifs pour tenter une réaction contre les idées et les pratiques populaires de leurs coreligionnaires dans ces pays lointains. Je ne veux pas dire que l'Islam en Arabie n'ait point subi d'altération à travers les siècles; même dans son pays natal beaucoup d'éléments d'origine étrangère y avaient été mêlés. Mais un culte de saints vivants ou morts tel qu'on le pratiquait en Hindoustan, une formation de sectes comme cette patrie des castes en offrait le spectacle, un mysticisme panthéistique et pourtant populaire tel que ce sol natal de systèmes spéculatifs l'a produit; tout cela et bien d'autres choses encore eussent été inimaginables sur un sol arabe.

Souvenez-vous d'Akbar (1556-1605), le Grand Souverain de l'Hindoustan, qui s'érigeait en prophète d'une religion au-dessus des dissidences religieuses. Voilà une figure historique particulièrement apte à faire ressortir la grande différence entre ce qui dans le domaine de l'Islam était possible en Arabie et ce qui l'était aux Indes.

Celui qui cherche à comprendre l'Islam des Indes Orientales ne doit donc jamais oublier que cette religion y a été importée des Indes et qu'elle a continué pendant des siècles à se développer sous des influences pour la plupart indiennes.

L'Europe a, quoique à son insu, contribué beaucoup à éta-

1) Voir mon ouvrage cité plus haut : *The Achehnese*, vol. II, p. 12.

blir un contact direct entre l'Arabie et les Indes Orientales. Depuis le XVIe siècle la navigation et le commerce européens ont peu à peu repoussé les Indiens de l'archipel; ainsi le chemin fut aplani aux influences arabes qui purent dès lors se faire valoir sans opposition. Et puis la communication, autrefois bien difficile, entre l'Arabie et les Indes a profité de la facilité générale plus grande du commerce entre l'Orient et l'Occident. C'est par deux voies surtout que l'Arabie a su exercer une influence décisive sur le développement de l'Islam pendant les deux ou trois derniers siècles : celle de l'Ḥadhramaut et celle de la Mecque.

Depuis des siècles une extrême indigence avait obligé les habitants de l'Ḥadhramaut, région de l'Arabie méridionale, d'émigrer en grand nombre pour chercher une existence ailleurs. Dans l'Hindoustan ils réussissaient déjà plus facilement qu'en Arabie; mais une fois qu'ils connurent le chemin vers l'Archipel Indien, ils y trouvèrent des chances bien meilleures de faire fortune sans connaissances ni aptitudes spéciales.

En dehors de Java surtout, là où il n'y avait pas de dynasties indigènes assez fortes pour mettre un frein à leurs entreprises, plusieurs Arabes de l'Ḥadhramaut sont venus chercher fortune à partir du XVIIe siècle. Quelques-uns d'entre eux ont réussi à fonder de petits états où à s'emparer du pouvoir dans des royaumes indigènes déjà existants : rappelez-vous les sultanats de Pontianak à Bornéo, de Siak à Soumatra. Ailleurs ils faisaient valoir leur influence auprès des personnes revêtues du pouvoir, et ils n'en usaient pas seulement à leur propre avantage, mais aussi pour réformer l'Islam des indigènes selon le goût arabe. De notre temps encore nous en avons vu un exemple typique dans l'action de Ḥabib Abdourrahman (Sayyid Abdour Raḥmân Zâhir) en Atchèh peu avant et après le commencement de la guerre d'Atchèh.

Depuis que le pouvoir européen s'est établi à Java, les Ḥadhramites commencèrent à y venir aussi, et ils s'y sont appliqués surtout au commerce à crédit. Dans les principaux ports de Java ils habitent usuellement le « *pĕkodjan* », nom qui signifie littéralement quartier des Khôdjas, sorte de marchands indiens : c'est comme s'ils voulaient mettre en pleine lumière que l'Arabie a pris la place que les Indes avaient occupée. Si nos lois n'avaient pas limité à plus d'un égard la liberté de mouvement de ces Ḥadhramites, leur émigration vers les Indes aurait pris des proportions beaucoup plus importantes que maintenant.

Les légistes musulmans parmi les Ḥadhramites de Java jouissent d'une grande autorité souvent invoquée par leurs collègues indigènes. Ils représentent une orthodoxie sévère, aussi aride que le sol de leur patrie. Du fanatisme régnant là-bas ils savent modérer un peu la violence, tant que des influences panislamiques étrangères ne viennent pas l'exciter. On se tromperait en se figurant l'influence de ces colonies d'Arabes comme bornée aux lieux où les fils de l'Ḥadhramaut se sont établis. Par leurs produits littéraires comme par leurs disciples indigènes, ces légistes exercent une influence qui dépasse de beaucoup les limites de ce cercle étroit.

Une autre action directe de l'Arabie sur l'Archipel Indien, bien plus vigoureuse que celle de l'Ḥadhramaut, a été amenée par le pèlerinage vers la Mecque.

Avant l'usage des bateaux à vapeur ce ḥaddj était pour l'indigène aussi coûteux que dangereux. Deux, trois années se consumaient en un seul pèlerinage, et maintes fois le pèlerin a dû y laisser une grande partie de ses biens ou même la vie. Maintenant l'aller et le retour en toute sécurité ne demandent que trois mois.

Cette simplification de la communication fit accroître outre mesure le nombre des pèlerins. Du temps des bateaux à voiles il ne manquaient pourtant pas, les indigènes qui pour visiter les villes saintes bravaient tout obstacle; et quelques-uns parmi eux restaient pendant des années en Arabie pour y pénétrer plus avant dans les sciences de l'Islam. Le savant malais Abdour-Ra'ouf[1], qui dans la deuxième moitié du xviie siècle s'établit en Atchèh, venait de passer plus de vingt années à faire des études à la Mecque, à Médine et en d'autre villes arabes. Il a écrit beaucoup de manuels et de traités et comptait parmi ses élèves plusieurs Javanais qui plus tard ont propagé ses leçons dans leur patrie.

Du temps d'Abdour-Ra'ouf ces étudiants venus de l'Extrême Orient se comptaient à la Mecque par unités ; maintenant que les bateaux à vapeur amènent annuellement six à douze mille pèlerins des Indes Néerlandaises en Arabie, on en trouve des centaines. Les « Djawa » — ce nom y est appliqué indifféremment à tous les musulmans des Indes Orientales — forment[2] dans la ville sainte une des plus importantes colonies d'étrangers ; la plupart d'entre eux y demeurent pour faire des études scientifiques. Retournés dans leur patrie ils y deviennent les précepteurs de leur peuple.

La Mecque est située dans une région aussi pauvre que l'Ḥadhramaut : mais ici le pèlerinage a fait naître autour du noyau arabe tout un entourage de population internationale, aux multiples besoins de laquelle l'importation du dehors pourvoit largement. Celui qui recherche les plaisirs mondains aussi bien que l'ascète, l'homme de la science aussi bien que le marchand, y trouvent de quoi se créer une existence à leur goût. Nos « Djawa » entrent surtout en contact avec les professeurs arabes et avec une partie de la petite bourgeoisie. Une « université » en notre sens du mot n'existe pas plus à la Mecque que dans les autres villes musulmanes. La grande affluence de monde et les revenus de quelques fondations pieuses induisent des savants à se vouer à l'enseignement. Comme ceux qui exercent d'autres métiers ou professions les professeurs sont réunis en une corporation sous la direction d'un doyen. A ceux qui ne préfèrent pas donner leurs leçons chez eux, la mosquée sert de salle de cours commune.

1) Voir *The Achehnese*, vol. II, p. 17.

2) Cette colonie est décrite dans le IVe chapitre du IIe volume de mon ouvrage intitulé *Mekka*.

Envers tout ce qui est en dehors de l'Islam le même esprit fanatique règne ici que dans l'Ḥadhramaut; quant aux diversités d'opinions et de coutumes dans les limites de cette religion, elles sont traitées ici avec plus de tolérance que là-bas dans ce pays de misère spirituelle et matérielle.

Les changements importants dans l'Islam des Indes Orientales qui se sont produits surtout au cours du dernier siècle sont principalement dus à ce commerce avec la Mecque. Déjà la plupart des écoles de l'Islam ont substitué aux anciennes méthodes d'enseignement celles qui sont en usage à la Mecque; les manuels dont on se sert là-bas ont été adoptés en Indonésie; le mysticisme panthéistique de jadis est peu à peu remplacé par un autre, moralisant cette fois, dans le genre de Ghazâlî; la dévotion mystique de la Chaṭṭâriyyah est devenue surannée et a dû céder la place à quelques-unes des ṭarîqahs populaires à la Mecque d'aujourd'hui; les idées des musulmans indigènes sur les questions politiques qui ont des rapports avec la religion sont importées de la ville sainte.

Nous avons constaté que les premiers courants de l'Islam sont venus dès 1200 dans l'archipel par un canal dérivé : ils révélaient des traces évidentes du sol hindou par lequel ils avaient passé. Plus tard, à partir du XVIIe siècle, les « Djawa » ont découvert la source même dans le pays natal de l'Islam, et ils se sont mis en contact direct avec la Mecque. Leur vie spirituelle a reçu en outre quelque aliment par un petit affluent arabe de l'Ḥadhramaut.

On a voulu soutenir que la croyance de ces trente millions de musulmans indigènes ne serait qu'une apparence. L'Islam ne couvrirait que superficiellement leur vie, comme un habit percé de grands trous nombreux par où l'indigène hindouisé ou non apparaît dans sa nudité inaltérée. La thèse exprimée dans cette métaphore d'un goût fort douteux; semble être fondée en une certaine mesure par opposition à l'opinion très exagérée qui admet à priori, sauf preuve du contraire, que toute population musulmane est sujette à la loi de l'Islam dans toute son étendue. Mais pour le reste cette dépréciation de l'importance de l'Islam pour ses adhérents indiens n'est basée que sur une ignorance totale des faits.

Pas une seule religion nouvelle n'ôte à ses adhérents leur caractère ethnique ni n'efface chez eux les traces d'une culture antérieure. Et l'Islam surtout n'a jamais pu avoir un tel effet, vu la rapidité de sa propagation, vu les conditions peu exigeantes qu'il impose aux nouveaux convertis, comptant sur la valeur intrinsèque de ses principes pour les faire pénétrer à la longue. Pour s'assurer un pouvoir durable sur les peuples qu'il a su par force ou par persuasion gagner à sa cause du Maroc aux Indes orientales, il a dû sur bien des points se plier à leurs besoins. Si l'on remarque donc chez les musulmans de l'archipel beaucoup de restes de leur passé païen ou hindou, ce n'est là qu'un trait que nous retrouvons sous des aspects modifiés chez toutes les nations qui professent l'Islam, les Arabes non exceptés.

Beaucoup d'idées et de pratiques superstitieuses qui au premier abord superficiel semblent répugner à l'Islam, se concilient pourtant très bien avec la dogmatique mahométane. Mais même quand elles sont vraiment en opposition avec cette doctrine, il n'y a là rien de spécifique aux Indes Orientales : dans plusieurs pays islamisés bien avant l'Archipel l'opposition des deux éléments est plus frappante encore qu'ici.

Nulle part l'observance de la loi musulmane dans toute son étendue ne peut fournir un moyen de déterminer le degré de conversion. L'histoire a assigné à cette loi, spécialement aux parties qui concernent le droit civil et criminel, la valeur d'une théorie scolastique, d'une sorte de droit canonique, qui ne manque pas d'exercer son influence pédagogique aux Indes Orientales comme ailleurs, car il y est étudié diligemment.

Les parties de la loi qui ont la plus grande importance pour la vie intime, surtout le droit de famille, sont observées en pratique par les Musulmans des Indes Orientales, et en ce qui concerne les lois rituelles, en général, tout bien considéré, ils ne sont point inférieurs à leurs coreligionnaires ailleurs.

Les conceptions métaphysiques une fois soumises à une certaine discipline : la famille organisée selon les règles de la loi sainte, l'Islam de la pratique est pour le reste assez indulgent; seule, la disposition de ses adhérents envers les incrédules est dirigée par lui en un sens décidément polémique. Je ne m'étendrai pas sur ce sujet ; même ceux qui ne connaissent le Mahométisme que par oui-dire, y attachent des idées de fanatisme, de panislamisme : mots souvent employés mal à propos, il est vrai, mais qui n'en dénotent pas moins quelque chose de très réel.

Cet esprit militant a autrefois contribué beaucoup à la grandeur séculière de l'Islam. Ces temps sont passés : les Musulmans devraient le comprendre en leur propre intérêt. Le panislamisme actuel est absolument incapable de produire quelque chose de grand. Mais il peut toujours causer bien des agitations et des troubles : ceci est oublié plus d'une fois par ceux qui devraient pourtant y faire attention. C'est ainsi que l'empereur d'Allemagne prit il y a quelques années envers le Grand Seigneur des croyants une attitude bien sujette à la critique des politiciens sensés[1], et que dernièrement en Égypte l'Angleterre s'est trouvée en face d'embarras imprévus.

Les Indes néerlandaises fournissent une belle occasion de montrer ce que valent à cet égard la prudence et la circonspection. Car là aussi l'Islam a subjugué les esprits et il continue à réaliser son pouvoir chez l'individu, dans la famille et dans la société.

1) Le voyage de l'empereur en Turquie, entrepris, sans aucun doute, sans consultation d'hommes au courant des affaires ottomanes et mahométanes, a été représenté dans tout l'Orient musulman comme un hommage de vassalité de la part d'un des plus puissants princes infidèles, envers le Seigneur des croyants, et ce fait a ainsi considérablement contribué à la propagation d'espérances panislamiques aussi dangereuses que vaines.

J'espère vous avoir donné par ce coup d'œil rapide un aperçu général de l'importance éminente que le mouvement né en Arabie il y a treize siècles environ, a eu pour nos provinces d'outre-mer. Nous écoutons, certes, avec attention l'ethnologue exposant la conception de la vie de ces peuples de l'Archipel tant qu'ils n'ont pas subi d'influence étrangère, et qui en son unité fondamentale se présente sous des aspects si différents. Nous nous intéressons à la façon dont l'Hindouïsme a attaqué et finalement englouti quelques-unes de ces sociétés primitives. Mais notre esprit s'applique bien plus encore, quand nous voyons entrer en scène ce grand facteur international qui a été le dernier et le plus fort à faire subir son influence par ces peuples; celui dont l'entrée dans l'Archipel précéda immédiatement la nôtre, et qui se substituant ou se conformant à ce qu'il y trouve, fait continuellement de nouveaux progrès. Celui qui veut connaître nos frères aux Indes Orientales, qui veut les gouverner, les instruire, les élever, ne saurait impunément négliger leur Islam.

L'étude des relations entre l'Arabie et les Indes Orientales n'est pas qu'une fantaisie savante : pour nous autres Hollandais, elle est une condition indispensable pour bien remplir nos devoirs sacrés envers la population de l'Archipel Indien.

Angers. — Imprimerie A. BURDIN et Cie, 4, rue Garnier.

sique, d'Anaximandre aux Sophistes et aux stoïciens. — Stoïciens et épicuriens. — Le pyrrhonisme. La critique du savoir. — Le probabilisme. — Origines du néoplatonisme alexandrin. — Plotin. La doctrine de l'émanation. — Le néoplatonisme. — La morale et la psychologie avant Socrate. — La psychologie morale de Socrate.

Tome deuxième. **II. La science, la psychologie et la morale dans l'antiquité.** Psychologie et morale de Platon et d'Aristote. — La morale stoïcienne et épicurienne. — Morale des néo-platoniciens. — Résumé de la culture morale antique. — **III. Les doctrines philosophiques de l'Inde.** — **IV. Critique des religions aux époques tertiaires. Le Bouddhisme.** Idée générale d'une révélation. — Le bouddhisme de Çakyamouni. — La discipline bouddhique. — Le roman mythologique du bouddhisme. — Aberration métaphysique du bouddhisme. — Corruption de la morale bouddhique. — **Les révélations sémitiques.** La loi mosaïque et l'exégèse moderne de l'Ancien Testament. — Le prophétisme et la résurrection de la Loi. — La prophétie arabe. Antécédents de l'Islam. — Révélation et législation morale de Mohamet. — **VI. Développement de la religion judaïque.** L'idée juive depuis la restauration du Temple jusqu'à la guerre des Macchabées. — Marche propre du judaïsme alexandrin. — Les sectes juives. — Messianisme et eschatologie. — **VII. La révélation chrétienne.** Prédication de Jésus. — Révélation messianique. — La voie du salut. — Passion et Communion. — Saint Paul. La destinée humaine. — **VIII. Les altérations de la Révélation chrétienne.** L'épître aux Hébreux. — Le quatrième Evangile. — La doctrine du Logos. — Le gnosticisme. — L'origénisme. — L'augustinisme et le pélagianisme — Les doctrines sur Dieu, le Christ, la rédemption, etc.

Tome troisième. **IX. Le Catholicisme et la scolastique.** — Thomas d'Aquin. — Les mystiques et les panthéistes. — **X. L'avènement de l'esprit scientifique. La Renaissance, la Réforme.** La science aux XVIe et XVIIe siècles. — **XI. Fondation de la philosophie synthétique.** Descartes. Spinoza, Malebranche. — Leibniz. L'harmonie préétablie et les Monades. — La raison suffisante. L'optimisme. — Kant. Système de la raison pratique. — **Fondation de la philosophie empiriste. De Bacon à Hume.** Bacon, Hobbes, Collier, Berkeley, Hume. — **XII. Le dix-huitième siècle.** Pierre Bayle, Locke. — **Libres penseurs et moralistes anglais** du XVIIIe siècle. — **Voltaire.** L'apostolat de la raison. — **La psychologie au** XVIIIe **siècle.** Condillac, Bonnet, Hartley. — **La philosophie athée.** Diderot, d'Holbach, Helvétius. — **Les penseurs politiques en** France et en Angleterre, Montesquieu, Turgot, Malthus, etc. — **Rousseau.** Les semences de la démocratie. — **Condorcet.** La doctrine du progrès.

Tome quatrième. **XIV. La philosophie dans la première partie du** XIXe **siècle. La philosophie allemande après Kant.** Fichte, Schelling, Hegel, Schopenhauer. — **La philosophie du sens commun.** Hume, Reid, Dugald Stewart, Th. Brown, Hamilton. — La philosophie en France depuis l'Encyclopédie jusqu'à l'éclectisme. — Les pensées de Pascal au XIXe siècle. — Les adversaires de l'éclectisme. Pierre Leroux, Jean Raynaud, Lamennais. — **XV. La réaction catholique.** — **XVI. La réaction socialiste.** Saint-Simon et Fourier. — Système social de Robert Owen. — **Le Socialisme en France.** Louis Blanc, Cabet, Proudhon. — **L'Ecole positiviste.** La doctrine d'Auguste Comte. — XVII. **Association et évolution.** — XVIII. **Morale de l'Optimisme. Morale du pessimisme.** — XIX. **Le criticisme français.** XX. **Les doctrines contemporaines en regard du criticisme.** Quinet, Michelet, Renan, Taine. — XX. **Le Socialisme de la seconde partie du siècle.** Karl Marx. Ferdinand Lassalle. — **Internationalisme et anarchie.** Blanqui, Bakounine, Tolstoy. — **Socialisme et philosophie.** — **La question sociale.** — **Conclusion.**

www.ingramcontent.com/pod-product-compliance
Ingram Content Group UK Ltd.
Pitfield, Milton Keynes, MK11 3LW, UK
UKHW021032220726
13924UKWH00001B/262